Sandra Thedrian

Trauerarbeit mit Vorschulkindern in Kindertagesstätten ein pädagogisches Konzept

Sandra Thedrian

Trauerarbeit mit Vorschulkindern in Kindertagesstätten

ein pädagogisches Konzept

Rediroma-Verlag

Bibliografische Information der Deutschen Nationalbibliothek:
Die Deutsche Nationalbibliothek verzeichnet diese Publikation in der Deutschen Nationalbibliografie; detaillierte bibliografische Daten sind im Internet über http://portal.dnb.de abrufbar.

ISBN 978-3-98885-239-7

www.rediroma-verlag.de
6,95 Euro (D)

Inhalt

Einleitung

Liebe KollegInnen,
Kinder werden im Laufe ihres Lebens immer wieder mit dem Thema Trauer konfrontiert. Sie gehört zum Leben und ist eine normale Reaktion des Körpers. Trauer zu fühlen, ist wichtig und ist ein individueller Prozess. Die Dauer des Trauerns kann nicht festgelegt werden, denn jeder trauert anders und in seinem eigenen Tempo (vgl. Vischering, 2018, S. 14).

Kinder trauern bei vielen Gelegenheiten. Das stärkste Erlebnis von Trauer, die stärkste Erfahrung mit Trauer machen wir wahrscheinlich alle beim Tod eines geliebten Menschen. Die Katze liegt regungslos am Straßenrand, die Großmutter stirbt. Sterben, Tod und Trauer sind deshalb auch in Kindertagesstätten Teil des begleiteten Weges, den wir mit unseren Kita-Kindern gehen. Somit muss das Thema einen Raum in der Einrichtung finden. Eventuell habt ihr Angst, diesem Thema zu begegnen, habt keine oder aber negativ besetzte Erfahrungen. Zudem war der Umgang mit dieser Thematik in der Ausbildung eventuell nicht präsent. Kindliche Trauer ist ein Wechselbad der Gefühle. Sie zu erfassen und offen dafür zu sein, bedeutet oft Überwindung. In der Trauerarbeit mit Kindern ist es daher wichtig, mit dem Kind sensibel und achtsam umzugehen. Empathie spielt hier eine tragende

Rolle und sollte eine der Stärken der begleitenden Person sein. Im niedersächsischen Orientierungsplan für Kindertagesstätten (Kitas) wird das Thema Trauerarbeit mit Kindern nicht behandelt und steht daher nicht im Fokus der pädagogischen Arbeit.

Im Rahmen meiner Bachelorthesis habe ich ein pädagogisches Konzept entwickelt, das Fachkräfte in Kitas unterstützen soll, mit dem Thema Tod und Trauer sicherer umzugehen und es in den Alltag mit Vorschulkindern zu integrieren. In meiner langen Berufslaufbahn als Erzieherin ist mir aufgefallen, dass dieses Thema in Kitas nicht präsent ist und ich als Mama von vier Kindern in manchen Situationen des Trauerns meiner Kinder durch den Verlust eines geliebten Menschen überfordert war und dankbar gewesen wäre, wenn es seitens der Kita eine Hilfestellung gegeben hätte sowie mehr Offenheit diesem Thema gegenüber.

Mit diesem Leitfaden möchte ich euch nun einen kleinen Einblick ermöglichen, wie ihr mit dem Thema in Kitas in der Arbeit mit Vorschulkindern umgehen könnt und welche Methoden dafür geeignet sind, damit Kindern eine altersgerechte Auseinandersetzung mit Tod und Trauer ermöglicht wird. Ich würde mir wünschen, dass dieses Konzept ganz viele von euch erreicht, und wünsche euch nun viel Spaß beim Lesen und Mut und Vertrauen für die Umsetzung in euren Kita-Alltag.

Alles Liebe, Sandra

Trauerarbeit mit Vorschulkindern

Wie schon in der Einleitung erwähnt, findet im niedersächsischen Orientierungsplan das Thema Trauerarbeit mit Vorschulkindern im Kita-Alltag keinen Platz.

Um das Thema Tod und Trauer in den Kita-Alltag zu integrieren, müssen verschiedene Handlungsfelder berücksichtigt werden. In dieser Arbeit bin ich auf die vier für mich entscheidenden Felder eingegangen und werde die Wichtigkeit im Laufe des Konzeptes erläutern. Es bleibt euch überlassen, ob ihr diese in eure Arbeit integriert oder auch andere Handlungen wählt. In erster Linie ist es mein Ziel, euch mit diesem Konzept eine Orientierung bzw. einen kleinen Leitfaden zu geben.

Das Konzept ermöglicht euch, Informationen an andere Fachkräfte weiterzuleiten, mit ihnen in Kontakt zu treten und euch auszutauschen. Gleichzeitig bietet es euch die Chance, Hemmschwellen abzubauen, Vertrauen zu fassen und auch Familien in das bis jetzt oft tabuisierte Thema einzubeziehen. An dieser Stelle möchte ich noch einmal erwähnen, wie wichtig die stetige Reflexion und die eigene Haltung sowie die Biografie der pädagogischen Fachkraft ist, damit eine gelingende Trauerarbeit mit Kindern ermöglicht werden kann. Als begleitende Unterstützung kann hier eine Supervision helfen, neue Impulse zu entdecken und in die Arbeit mit einzubeziehen. Nehmt euch Zeit für dieses Thema. Es ist in Ordnung, wenn ihr euch erst einmal langsam einlesen und einarbeiten müsst. Für einige von euch wird dies eventuell eine Herausforderung sein und das kann ich absolut verstehen. Auch ich musste mich gut einlesen, um zu verstehen und die Wichtigkeit für mich herauszufiltern.

Tauscht euch auf jeden Fall in eurem Team aus. Denn der gemeinsame Weg ist das Ziel!

Jeder von euch ist einzigartig und das ist auch gut so.

Elternarbeit

Elternarbeit ist in Kitas nicht wegzudenken. Eltern sind die Experten ihres Kindes und dies sollte in der Arbeit mit ihnen im Vordergrund stehen. Um Eltern das pädagogische Konzept der Trauerarbeit näherbringen zu können, ist es notwendig, sie zu sensibilisieren. Dies kann durch Elternabende oder auch spezielle Veranstaltungen mit Experten erfolgen. Grundsätzlich ist es wichtig, Eltern mit einzubeziehen, wenn es zum Beispiel um einen Friedhofsbesuch geht. Eltern sind dankbare Wegbegleiter und dürfen mitbestimmen.

Wenn das Thema Tod und Trauer in den Kita-Alltag integriert werden soll, muss es erst einmal als alltägliches Thema erarbeitet werden, damit es so dargestellt werden kann wie andere Themen auch. Je sicherer und selbstverständlicher das Thema aufgearbeitet wird, desto eher kann den Eltern Verunsicherung genommen werden bzw. die Annahme des Themas erleichtert werden. Um den Bildungsauftrag zu erfüllen, muss die Wichtigkeit des Themas mit den Eltern erarbeitet werden. Die Eltern müssen auch gleichermaßen darauf vorbereitet werden, dass eventuelle Rückfragen ihrer Kinder zu Hause gestellt werden. Die Unsicherheit der Eltern kann so gut aufgefangen und Missverständnisse können vermieden werden, was den Start des Konzeptes erleichtert (vgl. Vischering, 2018, S. 47).

Verunsicherte Eltern werden sich nicht so leicht öffnen und eher geneigt sein, das Thema abzulehnen. Sie zu verstehen und ihre Meinung zu akzeptieren, ist die Aufgabe der pädagogischen Fachkraft. Nicht alle Eltern können sich mit dem Thema identifizieren, haben vielleicht einen anderen Glauben oder sind in einer schicksalhaften Situation. Ihnen Raum und Zeit für Fragen zu geben, stellt sich oft als Hilfe dar. Eltern möchten verstanden werden (vgl. Ennulat, 1998, S. 49 f.).

„Um den Eltern das Konzept näherzubringen, ist ein Elternabend unumgänglich. Gespräche an diesem Abend können hilfreich sein und sensibel machen für die Erlebnisweise der Kinder. Da Kinder abhängig sind von dem, was Eltern äußern, diese unbewusst preisgeben oder tabuisieren, kann die Kita über die Arbeit mit den Eltern bewusstseinsverändernd wirken“ (Ennulat, 1998, S. 79 f.).

Margit Franz hat unter anderem Themenkarten erstellt, die für Elternabende besonders gut geeignet sind. Sie heißen: „Trauerarbeit mit Kindern; Themenkarten für Teamarbeit, Elternabende und Seminare“. Die Karten geben Eltern auf anschauliche und verständnisvolle Weise einen Einblick in das Thema und könnten in die Arbeit mit ihnen integriert werden.

Tipps für die Praxis

Damit ihr professionelle Elternarbeit leisten könnt, ist es wichtig, Eltern über jegliche Vorhaben zu informieren. Die Einbeziehung in die Arbeit durch zum Beispiel Hospitationstage oder Elternabende ist enorm wichtig. Für Gespräche solltet ihr immer Zeit haben, auch wenn es alltägliche Gespräche zwischen Tür und Angel sind. Eltern sind dankbar dafür. Die oben genannten Themenkarten könnten ebenso bei Gesprächen hilfreich sein.

Projektarbeit

„Der situationsorientierte Ansatz, der die heutige Kindergartenpädagogik sehr stark bestimmt, muss Raum für das Thema Kind und Tod geben, wenn er die Persönlichkeit des Kindes als Gesamtpersönlichkeit wahrnehmen will“ (Ennulat, 2003, S. 10).

Das Projekt Tod und Trauer in den pädagogischen Alltag zu integrieren, kann Kindern und Fachkräften helfen, offener und sicherer mit dem Thema umzugehen. Daher kann es hilfreich sein, externe Stellen, wie zum Beispiel die Kompetenzen eines Trauerbegleiters, in Anspruch zu nehmen und sich auszutauschen. Durch die Projektarbeit kann der Grundstein für die frühzeitige Auseinandersetzung mit dem Thema gelegt werden und somit die Sicherheit für weitere traumatische Situationen im Leben gegeben werden (Kinderzeit.de, 2011).

Um Kindern für ihre Gefühle und Bedürfnisse einen Ort in der Kita zu geben, ist es ratsam, einen festen Platz dafür zu schaffen. Oft ist es möglich, eine ruhige Ecke in der Kita zu gestalten, die für Kinder jederzeit zugänglich ist und wo sie merken, dass sie mit ihren Bedürfnissen ernstgenommen werden. Diese Ecke sollte so gestaltet werden, dass Kinder sie ansprechend finden und sich wohlfühlen. Ein Trauerkoffer, der mit den Kindern gemeinsam befüllt werden kann, ist eine zusätzliche Methode, die im Kita-Alltag einen Platz finden sollte. Der

Koffer kann mit Bilderbüchern, Kerze, Kuscheltieren etc. frei nach Wünschen der Kinder ausgestattet werden. Auch Medien, die in die Ecke integriert werden können, sind hilfreiche und unterstützende Mittel bei diesem Projekt. Diese einzubeziehen, kann euch Sicherheit geben. Bilderbücher zum Beispiel können Situationen des Alltags kindgerecht wiedergeben und ermöglichen so einen guten Zugang zum aktuellen Thema. Darauf gehe ich konkreter im letzten Teil des Konzeptes ein.

Herauszufinden, was Kinder interessiert, wie man sie am besten begeistern kann, erfordert ein hohes Einfühlungsvermögen der pädagogischen Fachkraft. Bilderbücher sind Medien, die nicht nur in einer akuten Situation eingesetzt werden sollten, sondern den Alltag immer wieder begleiten können. So lernen Kinder mit ihren Gefühlen umzugehen und sie zu verstehen (vgl. Franz, 2017, S. 51).

Damit Kinder keine Angst vor dem Friedhofsbesuch haben, ist es sinnvoll, diesen Schritt in das Projekt zu integrieren und ihn mit Eltern zu kommunizieren und sie entsprechend einzubinden. Hier muss zusätzlich auf die Bedürfnisse des Kindes geachtet werden, das selbst entscheiden darf, ob es diesen Weg mitgeht. Jedes Kind ist anders.

Friedhöfe sind frei zugängliche Orte. Immer mehr Städte bieten Führungen für Kitagruppen an und sind offen dafür. Daher kann dieses Angebot jederzeit genutzt werden. Auf dem Friedhof werden

Kinder mit verschiedensten Eindrücken konfrontiert und kommen so ins Gespräch. Auch Kindergräber können mit den Kindern besichtigt werden. Dabei ist jedoch die zeitliche Distanz zu berücksichtigen, damit Kinder sich nicht zu stark identifizieren (vgl. Franz, 2017, S. 33 f.).

Für Vorschulkinder ist der Friedhof ein Ort, den sie respektieren lernen sollen, den sie jedoch nach ihren Wünschen umgestalten. So kann es sein, dass sie über Steine hüpfen, sich verstecken oder auf Umrandungen balancieren. Kinder sehen den Friedhof mit anderen Augen als Erwachsene. Trotzdem kann man sagen, dass der Besuch auf dem Friedhof mit einem Erwachsenen Kindern Ängste nimmt und ihnen die Möglichkeit gibt, sich mit dem Leben zu befassen (vgl. Ennulat, 2003, S. 144 f.).

Sich auf Gespräche mit den Kindern einzulassen, ist nach dem Friedhofsbesuch enorm wichtig. Dies kann mithilfe eines kleinen Stuhlkreises in der Kita geschehen. Die Kinder können von ihren Erlebnissen berichten. Vielleicht haben sie Stöcke oder Steine gesammelt, die in die Mitte des Kreises gelegt werden können. Erinnerungen an diesen Besuch müssen festgehalten werden und prägen sich in das Bewusstsein ein. Somit lernen Kinder mit jedem Besuch auf dem Friedhof, dass dieser Ort zum Leben gehört und nicht tabuisiert werden muss. Dies kann mit einem schön gestalteten Plakat geschehen, welches gemeinsam mit den Kindern gebastelt wird. Fotos von diesem Tag sind eine gute Gelegenheit, bestimmte Erinnerungen festzuhalten und zu besprechen, aber auch um es Eltern zu präsentieren.

Darüber hinaus muss auch das Spiel für Kinder in den Kita-Alltag gehören und ist für ihre Entwicklung sehr bedeutsam.

„Spiele in Projekte zu integrieren, macht Spaß und bringt Freude, fördert den sozialen Kontakt, lässt das Kind neue Erfahrungen gewinnen, trägt zur Stabilisierung seiner Persönlichkeit bei und hilft auch bei der Verarbeitung von Ängsten“ (Ennulat, 1998, S. 82).

Kinder lieben es zu spielen, sich frei zu bewegen, zu entfalten. Das Rollenspiel gehört in den Kita-Alltag und ist nicht wegzudenken. Vorschulkinder nutzen diese Gelegenheit, um sich frei zu entfalten. Auch Schießspiele sind völlig in Ordnung und gehören zur Entwicklung des Kindes. Wenn ihr ein ungutes Gefühl dabei habt, beobachtet die Situation gut und reflektiert sie mit dem Kind. Dies kann oft helfen.

Kinder gestalten sich ihre Spielsituation so, wie sie es sich in diesem Moment des Spiels vorstellen. Wie schon erwähnt, spielt das „Totsein“ für die Kinder in diesem Alter eine gravierende Rolle und befähigt sie, im Spiel ihre Rolle zu verändern und sich von der Realität abzuwenden (vgl. Ennulat, 1998, S. 14 f).

Nutzt das Projekt für den Kita-Alltag, damit Kinder ein Gefühl für das Thema bekommen und mit euch gemeinsam einen guten Weg gehen können.

Tipps für die Praxis

Kindern einen Raum zum Trauern zu geben, ist sehr wichtig. Beobachtet die Kinder, wo spielen sie gerne, gibt es Rückzugsmöglichkeiten? Im Alltag muss das Thema immer wieder bearbeitet werden und präsent sein. Setzt euch Zeiten und Ziele für die Lernprozesse. Das soziale und kulturelle Leben sowie die Sprache und Kommunikation sollten im Vordergrund stehen. Nutzt den situationsorientierten Ansatz, um jeden Schicksalsschlag der Kinder sofort aufzugreifen. Macht euch eine Checkliste, damit ihr eure Ideen verschriftlichen könnt. So kann jeder Einzelne von euch seine Ideen einbringen.

Partizipation

Um mit Kindern über Trauer und die Umstände, die dazu führen, zu sprechen, ist es bedeutsam, mit ihnen partizipativ zu arbeiten.

„Partizipation heißt, Entscheidungen, die das eigene Leben und das Leben in der Gemeinschaft betreffen, zu teilen und gemeinsame Lösungen für Probleme zu finden“ (Regner & Schubert-Suffrian, 2015, S. 5).

Betrachtet man die frühe Kindheit, gilt diese entwicklungspsychologisch als die größte Fort- und Lernentwicklung der Kinder. Sie lernen stetig und erobern die Welt hinsichtlich der verschiedenen Lernbereiche wie Sprache, Motorik, Kognition und soziale Kompetenzen. Auch im Hinblick auf die Beziehungs- und Bindungsebene werden Fortschritte festgestellt. Die Grundlage für die weitere Entwicklung wird hier gelegt. Neben der individuellen Entwicklung eines jeden Kindes sollten jedoch die zu erreichenden Meilensteine der Entwicklung nicht außer Acht gelassen werden (vgl. Vorholz, 2015, S. 17 f.).

Planungen und Entscheidungen gehören in den Kita-Alltag und begleiten Kinder im Vorschulalter. Sie interessieren sich für gewisse Themen wie zum Beispiel Trauer und nehmen diese bei anderen Kindern immer mehr wahr, fragen nach. Es ist zu beobachten, dass Kinder, die in Beteiligungsprozesse eingebunden werden, ein hohes Maß an Beteiligung in aktiven Gesprächen zeigen. Durch immer wiederkehrende Dialoge zu den pädagogischen Fachkräften kann neuer Raum für Ideen geschaffen werden. Dafür ist es notwendig, dass die Fachkraft durch ihre genaue Beobachtung die Bedürfnisse des Kindes erkennt und somit ein persönliches Gespräch beginnen kann (vgl. Hansen, 2015, S. 71 ff).

In meinem pädagogischen Konzept ist Partizipation die Grundlage für die Durchführung eines Projektes und der Gestaltung des Alltags. Um Eltern in Hinblick auf Partizipation zu informieren und ihnen Auskunft zu geben, gibt es verschiedene Methoden, die man anwenden kann.

Fotos oder auch Dokumentationen sind Methoden, die es ermöglichen, die Beteiligung der Kinder festzuhalten, damit Eltern einen kleinen Einblick bekommen, was Partizipation in der Einrichtung bedeutet und wie diese gestaltet wird. Diese Methoden geben oft Anlass für Gespräche mit den Familien und führen zu einem vertrauensvollen Verhältnis. Die Wichtigkeit transparent zu machen, kann der erste Schritt in Richtung Zusammenarbeit sein (vgl. Regner, 2013, S. 125).

Damit Trauer im Alltag einen Platz finden kann, sind auch Rituale ein wichtiger Bestandteil der pädagogischen Arbeit und können partizipativ eingesetzt werden. In der Kita spielen sie für

Vorschulkinder eine große Rolle und sind nicht wegzudenken. Um Rituale in das pädagogische Konzept der Trauerbegleitung zu integrieren, kann man verschiedene Symbole nutzen. Kinder dürfen und sollen hier mitentscheiden.

Demzufolge sind für die Kinder selbstgestaltete Symbole eine Art von Sicherheit und können Wegbegleiter sein. Beispiele hierfür sind:

- Hoffnungssteine / Erinnerungssteine
- Herzketten
- Familienfiguren basteln
- Traueraltar gestalten
- Erinnerungsalbum mit Fotos des Lieblingsmenschen füllen
- einen Baum pflanzen
- Meditation für Kinder
- Stille Kiste gestalten
- Trauerkerze bemalen uvm.

Kinder können sich mit diesen wichtigen Ritualen identifizieren und schaffen es, Trauer zuzulassen (vgl. Reichmann, 2020, S. 39 f.).

Grundsätzlich sollte im Konzept die Wichtigkeit der ästhetischen Bildung in Bezug auf Trauerarbeit benannt werden. Kinder malen gerne und auch stille Kinder können sich durch das Malen sehr gut ausdrücken. Botschaften der Kinder können so schneller beobachtet und Gefühle wie Trauer zugelassen werden.

Damit sich Kinder im Vorschulalter altersentsprechend entfalten können, ist es notwendig, ihnen die Möglichkeit dafür zu geben. Durch verschiedene Angebote wie Malen, Gestalten oder Geschichten erzählen können pädagogische Fachkräfte in Bezug auf Trauer eine gute Grundlage für Partizipation errichten. Auch hier spielen Rituale eine große Rolle (vgl. Röseberg & Müller, 2014, S. 360).

Papier und Stifte sind in jeder Einrichtung vorhanden. Nutzt sie, um die verborgenen Schätze eurer Kinder zu entdecken, und lasst ihren Gefühlen beim Gestalten der Symbole freien Lauf.

Tipps für die Praxis

Die Beobachtung und Dokumentation stehen hier im Fokus. Ich kann euch die Tassenkinder sehr empfehlen. Dies ist eine Tasse, in der kleine Zettel sind, auf denen jeder Name jeweils einmal geschrieben steht. Jede Woche zieht man einen Namen und mit diesem Kind beschäftigt man sich dann mindestens zehn Minuten am Tag. Im Morgenkreis könnt ihr die Kinder sehr gut beteiligen. Sie sind bereits in der Lage, gute Entscheidungen zu treffen. Eventuell könnt ihr sogar ein Kinderparlament gründen oder sie können euch bei der Entscheidung der Speisepläne unterstützen. Im Bezug auf die Trauerarbeit solltet ihr Kindern die Möglichkeit geben, sich immer wieder mitteilen zu können, denn auch stille Kinder sollten mit ihren Bedürfnissen gesehen und wahrgenommen werden. Kinder haben fantastische Ideen. Greift sie auf und bleibt offen dafür.

Der Einsatz von Medien

Bücher gehören zu den wichtigsten Medien in Kindertagesstätten, da sie den Spracherwerb fördern, die Fantasie anregen und somit einen großen Teil des Bildungs- und Entwicklungsprozesses von Kindern einnehmen. Es gibt einige Bilderbücher, die zu diesem Thema passend geschrieben sind und die ihr auf jeden Fall mit Kindern im Vorschulalter lesen könnt. Um das passende Buch zu finden, ist es hilfreich, sich einige Kriterien anzuschauen, wie zum Beispiel das Alter, Entwicklungsstand, Persönlichkeit, Interesse des Kindes. Könnt ihr euch mit dem Buch identifizieren, interessiert es euch und sind genug Bilder vorhanden? Durch Bilderbücher kommt ihr schneller ins Gespräch mit Kindern und könnt vieles von ihnen erfahren.

Herauszufinden, was Kinder interessiert, wie man sie am besten begeistern kann, erfordert ein hohes Einfühlungsvermögen der pädagogischen Fachkraft. Bilderbücher sind Medien, die nicht nur in einer akuten Situation eingesetzt werden sollten, sondern den Alltag immer wieder begleiten können. So lernen Kinder, mit ihren Gefühlen umzugehen und sie zu verstehen (vgl. Franz, 2017, S. 51).

Es gibt einige Bilderbücher, die ihren Fokus auf das Thema Tod und Trauer legen. Kinder im Vorschulalter lassen sich sehr schnell von Büchern inspirieren und können durch Bilder ihren Gefühlen und Ausdrucksweisen freien Lauf lassen und sich dadurch gut äußern. Sie in den Krisen ihres Lebens oder auch im Hinblick auf bedrückende Ereignisse wie auch schöne Erinnerungen zu begleiten, ist das Ziel dieser Bilderbücher. Auch Beerdigungen werden nicht selten thematisiert. So können Kinder sich anhand der Bilder und Erzählungen gut damit auseinandersetzen. Die Bücher sind so konzipiert, dass die Geschichten aus der kindlichen Perspektive erzählt werden und an Situationen anknüpfen, die Trauer und Verlust beinhalten. Professionelle Bilderbücher erkennt man daran, dass sie Kindern gute Möglichkeiten bieten, den Tod zu verstehen und zu akzeptieren sowie gleichzeitig ihre Trauer zu erkennen. Sie unterstützen Kinder, das Ende des Lebens besser zu begreifen und die Einsicht zu erlangen, dass alles, was lebendig ist, irgendwann sterben muss. Zusätzlich sollen Kindern beim Vorlesen und Betrachten der Bilder ihre Ängste bezüglich des Themas genommen werden. Nicht nur Kinder, auch Erwachsene profitieren von Bilderbüchern. Sie erhalten dadurch Unterstützung und eine gute Starthilfe. Das Kind in seiner Entwicklung individuell zu begleiten, ist enorm wichtig (vgl. Unverzagt, 2007, S. 102 f.).

Um euch die Suche zu vereinfachen, habe ich einige Bilderbücher für das Alter herausgesucht. Vielleicht ist das eine oder andere Buch für euch interessant und ihr könnt es mit in die Arbeit integrieren. Bilderbücher können Situationen des Alltags kindgerecht wiedergeben und ermöglichen so einen guten Zugang zum aktuellen Thema.

Quelle: Irina Anastasiu / Pexels

Hier eine kleine Auswahl von Büchern für Kinder im Vorschulalter:

1. „Leb wohl, lieber Dachs”
Über das Sterben des alten Drachen und die Trauer und Erinnerungen seines Freundes.
Susan Varley
Alter: 4 – 6 Jahre
ISBN 3219102832

2. „Ente, Tod und Tulpe”
Der Tod ist immer da – er begleitet uns, unser ganzes Leben.
Wolf Erlbruch
Alter: 4 – 6 Jahre
ISBN 3888974615

3. „Für immer in meinem Herzen”
Das Trauer- und Erinnerungsalbum für Kinder
Stefanie Wiegel
ISBN 9783843601085

4. „Du wirst immer bei mir sein“
Inger Hermann
Alter: 4 – 6 Jahre
ISBN 9783491795211

5. „Abschied von Rune“
Marit Kaldhol & Wenche Oeyen
Alter: ab 5 Jahre
ISBN 377076272X

6. „Die Blumen der Engel“
Jutta Treiber & Maria Blazejovsky
Alter: ab 5 Jahre
ISBN 9783219109153

7. „Leni und die Trauerpfützen“
Hannah – Marie Heine
Alter: ab 4 Jahre
ISBN 9783867391573

8. „Weil du mir so fehlst“
Ayse Bosse
Alter: ab 4 Jahre
ISBN 9783551518767

9. „Die besten Beerdigungen der Welt“
Ulf Nilsson
Alter: ab 5 Jahren
ISBN 97834007761149

10. „Adieu, Herr Muffin“
Ulf Nilsson
Alter: ab 5 Jahren
ISBN 9783407760470

Tipps für die Praxis

Bilderbücher eignen sich – wie erwähnt – sehr gut, um mit Kindern über das Thema Tod und Trauer ins Gespräch zu kommen. Es ermöglicht den Kindern, in einem besonderen Moment das Gefühl, Erlebnissen und Gefühlen freien Lauf zu lassen und sich anzuvertrauen. Die emotionale Welt der Kinder wird somit erfasst. Generell ist es empfehlenswert, eine Kleingruppe zum Vorlesen auszuwählen, damit jedes Kind die Gelegenheit bekommt, die Bilder des Buches näher betrachten zu können und besser zu zuhören. Benutzt beim Vorlesen eure gesamte Mimik, um die Stimmung des Buches besser zu vermitteln. Nach der Bilderbuchbetrachtung könnt ihr die Kinder dazu malen lassen oder ein Rollenspiel durchführen. Somit festigt ihr noch einmal das Vorgelesene.

Zusammenfassung und Ausblick

Ob das Thema Tod und Trauer ein fester Bestandteil eurer Konzeption wird, ist ganz euch überlassen. Mit meinem Konzept habe ich versucht, euch die wichtigsten Elemente zur Umsetzung zu vermitteln. Ihr müsst euch immer im Klaren sein, dass es Eltern geben wird, die nicht möchten, dass ihr Kind mit diesen Themen konfrontiert wird. Dies zu akzeptieren, ist sehr wichtig. Durch Gespräche und Elternabende kann man jedoch Eltern ermöglichen, ihren Sorgen und Ängsten einen Raum zu geben – dies hilft manchmal.

Ich würde mir wünschen, dass mein Konzept viele Kitas erreicht und dass wir gemeinsam etwas bewegen können. Auch das Kultusministerium von Niedersachsen bekommt ein Exemplar zugeschickt, mit der Bitte um Kenntnisnahme und der eventuellen Überdenkung des Orientierungsplanes. Vielleicht ist dies ein erster Schritt zur Veränderung.

Sich mit Tod und Trauer auseinanderzusetzen, ist nicht einfach. Je sicherer ihr seid, umso sicherer werden die Kinder und sie können offen damit umgehen. Projektarbeit ist eine gute Gelegenheit, um dieses Thema zu integrieren. Ihr könnt vieles ausprobieren, den Friedhof besuchen und mit den Kindern ins Gespräch gehen. Bei allem, was ihr vorhabt, könnt ihr die Kinder immer mit einbeziehen. So bekommen sie von Anfang an einen guten Bezug zu dem Thema und haben vielleicht noch andere Ideen, die sie umsetzen möchten. Gerade Vorschulkinder zeigen großes Interesse. Geht gemeinsam in die Bücherei, schaut euch um. Vielleicht könnt ihr den Besuch mit einer kleinen Bustour und einem Eis verbinden. Kinder freuen sich auf solch spannende Tage und sind meist sehr aufgeregt. Diese Erinnerungen bleiben sehr lange erhalten.

Ihr Lieben, ich wünsche euch nun ganz viel Erfolg bei der Umsetzung meines Konzeptes und stehe euch jederzeit für Fragen und Anregungen zur Verfügung.

Alles Liebe, Sandra

Literaturverzeichnis

Ennulat, G. (1998). Kinder in ihrer Trauer begleiten. Breisgau: Herder Verlag.

Ennulat, G. (2003). Kinder trauern anders. Breisgau: Herder Verlag.

Franz, M. (15. 12 2017). Wenn Kinder Abschied nehmen. Praxis Kita.

Hansen, R. (2015). Partizipation in Kindertageseinrichtungen. Weimar: das netz.

Kinderzeit.de. (19. 07 2011). Kinderzeit: Themen: Gesundheit: Trauerarbeit im Kindergarten. Von Trauerarbeit im Kindergarten: https://www.kinderzeit.de/news-detail-gesundheit/trauerarbeit-im-kindergarten.html abgerufen

Regner, M. (2013). Partizipation in der Kita - Projekte mit Kindern gestalten. Freiburg: Herder Verlag.

Regner, M., & Schubert-Suffrian, F. (31. 10 2015). Partizipation in Kita und Krippe. Kindergarten heute - Praxis kompakt.

Reichmann, S. (2020). Kinder trauern bunter. Langen: Selbstverlag.

Röseberg, F., & Müller, M. (2014). Handbuch Kindertrauer: Die Begleitung von Kindern, Jugendlichen und ihren Familien. Göttingen: Vandenhoeck & Ruprecht Verlag.

Unverzagt, G. (2007). Kinder fragen nach dem Tod. Basel: Herder Verlag.

Vischering, C. D. (2018). Sterben, Tod und Trauer im Kindergarten. Münster: Alpha Verlag.
Vorholz, H. (2015). 55 Fragen & Antworten - Partizipation in der Kita. Berlin: Cornelsen Scriptor Verlag.